Procès

DE M. LE COMTE

F. DE KERGORLAY

(Extrait de la Gazette des Tribunaux , de la Gazette de France et de la Quotidienne.)

NANTES — IMP.-LIB. DE C. MERSON.

1830.

PROCÈS

DE M. LE COMTE

F. DE KERGORLAY.

COUR ROYALE DE PARIS (1re chambre et chambre des appels correctionnels).

(Présidence de M. le premier président Séguier).

Audience du 5 novembre 1830.

AFFAIRE DE MM. LE COMTE DE KERGORLAY , DE BRIAN, GENOUDE ET LUBIS.

Voici le texte de l'arrêt par lequel la Cour s'est déclarée incompétente , sur les conclusions conformes de M. Persil , procureur-général :

Vu l'article 29 de la Charte constitutionnelle , qui dispose qu'aucun pair de France ne peut être arrêté que de l'autorité de la Chambre (des pairs) , et jugé que par elle en matière criminelle ;

Vu la loi du 31 août 1830 qui fixe à un mois le délai pour la prestation du serment par les membres de la Chambre des pairs;

Attendu que ce délai n'était pas expiré les 25 et 27 septembre , lors de la publication de la lettre dont il s'agit et du commencement des poursuites à raison de ladite publication ;

Attendu qu'à cette époque , le comte de Kergorlay était membre de la Chambre des pairs , et n'était soumis qu'à la juridiction de ladite Chambre en matière criminelle ; que la déchéance par lui encourue postérieurement par la non-prestation du serment , n'a pu lui enlever le droit qui lui était acquis d'être jugé par

4

ladite Chambre , et le soumettre à une juridiction incompétente à l'époque du délit à lui imputé ;

Attendu que les complices d'un délit doivent nécessairement, quant à la juridiction, suivre le sort de l'accusé principal ;

Déclare nulle et incompétemment rendue l'ordonnance de la chambre du conseil du 29 octobre dernier;
se déclare incompétente pour statuer sur les délits im-
putés au comte de Kergorlay, de Brian, Genoude et
Lubis ; ordonne que les pièces seront, par le procureur-général , transmises à qui de droit.

LOUIS-PHILIPPE , Roi des Français ,
À tous présents et à venir , salut.

Considérant que le comte de Kergorlay, ex-pair de
France , et les sieurs Brian, Genoude et Lubis sont
poursuivis comme auteur et complices du délit prévu
par l'article 4 de la loi du 25 mars 1822 ;

Vu l'arrêt du 5 novembre dernier par lequel la cour
royale de Paris s'est déclarée incompétente pour juger
le comte de Kergorlay et ses coprévenus, en se fondant
sur ce que le premier n'avait point encore perdu sa
qualité de pair de France à l'époque du délit qui lui est
imputé ;

Sur le rapport de notre garde-des-sceaux , ministre
secrétaire-d'état au département de la justice ,

Nous avons ordonné et ordonnons ce qui suit :

Art. 1er. La cour des pairs est convoquée.

Les pairs absents de Paris seront tenus de s'y rendre
immédiatement , à moins qu'ils ne justifient d'un em-
pêchement légitime.

2. Cette cour procédera sans délai au jugement du
comte de Kergorlay, ex-pair de France , de Brian,
Genoude et Lubis, comme prévenus d'avoir publié la
lettre en date du 23 septembre, signée le *comte de Kergorlay , pair de France*, et insérée dans la *Quotidienne*
du 25 septembre et dans la *Gazette de France* du 27 du
même mois , et de s'être, par là , rendus coupables
du délit prévu par l'article 4 de la loi du 25 mars 1822.

3. Elle se conformera , pour l'instruction et le ju-

gement, aux formes qui ont été suivies par elle jusqu'à ce jour.

4 M. Persil, notre procureur-général en la cour royale de Paris, remplira les fonctions de notre procureur-général près la cour des pairs.

Il sera assisté de M. Berville, premier avocat-général en la même cour, faisant les fonctions d'avocat-général, chargé de remplacer le procureur-général en son absence.

5. Le garde des archives de la chambre des pairs, et son adjoint, rempliront les fonctions de greffiers près notre cour des pairs.

6. Notre président du conseil des ministres, et notre garde-des-sceaux, ministre-secrétaire-d'état au département de la justice, sont chargés, chacun en ce qui le concerne, de l'exécution de la présente ordonnance, qui sera insérée au Bulletin des Lois.

Donné à Paris, le 9 novembre 1830.

LOUIS-PHILIPPE.

Par le Roi :

Le garde-des-sceaux, ministre secrétaire-d'état au département de la justice,

DUPONT (de l'Eure).

COUR DES PAIRS.

(Présidence de M. le baron Pasquier).

Audience du 22 novembre 1830.

Dès midi, les tribunes publiques sont entièrement remplies par un public plus brillant que nombreux. On remarque beaucoup de dames dans la tribune diplomatique et dans celle ordinairement réservée aux fils de MM. les pairs de France. L'enceinte circulaire qui forme l'estrade du bureau du président, est garnie de siéges où se placent des spectateurs parmi lesquels on aperçoit plusieurs fils de pairs de France.

La barre, située dans le corridor à la gauche de M. le président, consiste en deux étroits pupitres entre lesquels se trouve une faible barrière de draperies vertes ;

des chaises y sont préparées pour les accusés et leurs défenseurs.

Le banc des ministres est remplacé par une table recouverte d'un tapis de drap vert; c'est la place réservée au ministère public.

La Cour n'entre en séance qu'à une heure dix minutes: elle est précédée par les huissiers et les messagers d'état. M. le baron Pasquier marche à la tête, et après lui s'avance M. le duc de Trévise ; tous les pairs sont en costume, plusieurs portent le grand cordon de a Légion-d'Honneur; aucun d'eux n'a les insignes de l'ordre du Saint-Esprit.

MM. Persil, procureur-général, et Berville, premier avocat-général, sont introduits par un huissier, et du même côté que la Cour; ils sont en robes noires.

Par la porte opposée arrivent les accusés et leurs défenseurs, MMes Berryer, Hennequin et Guillemin ; M. de Kergorlay se place sur le même rang que les avocats et à côté de Me Berryer. Il ne porte pas le costume de pair: c'est un vieillard, de petite taille et au front chauve, mais dont les traits sont fortement prononcés. Derrière lui est assis M. de Genoude, et, à côté de ce dernier, M. de Brian et M. Lubis, qui porte barbe, mouche et moustache.

M. le président : Sieur comte de Kergorlay, quels sont vos nom, prénoms, lieu de naissance et domicile.

M. de Kergorlay, d'une voix forte : Louis-Paul Florian comte de Kergorlay, pair de France, âgé de 61 ans, né à Paris, y demeurant, rue Saint-Dominique-Saint-Germain, n. 102.

M. le président: L'un des greffiers va procéder à l'appel nominal, afin de constater quels sont les membres absents et présents.

M. Alexandre Cauchy procède à cet appel. Les membres absents sont: MM. de Tracy, de Duras, Talleyrand, Chasseloup, Maison, Bellune, d'Aumont, Castellane, Biron, duc de Montesquiou, baron de Larochefoucauld, d'Argout, Pelet de la Lozère, Barante, d'Hunolstein, Montalembert, de Tournon, Valmy, Guilleminot, Eymery, de Rastignac, d'Ambrugeac, Montalivet, du Cayla, de Noailles, La Place, Chabrillant, duc de Dalmatie, Barthélemy-Sauvaire, Morel de Vindé.

M. le président fait ensuite connaître les excuses de plusieurs de ces pairs absents. M. Bastard annonce qu'il n'a pu se rendre à la séance à cause des travaux qui lui sont confiés pour *l'autre affaire pendante devant la Cour*. (M. Bastard est chargé du rapport de l'accusation dans le procès des ex-ministres).

Toutes les excuses sont admises sans réclamation.

M. le président : Je rappelle aux défenseurs qu'ils ne doivent rien dire contre leur conscience, ni le respect aux lois , et qu'ils doivent s'exprimer avec décence et modération.

MM. les avocats se lèvent et saluent M. le président.

M. le président : L'usage de la Chambre des pairs , dans toutes les affaires, étant de statuer d'abord sur la compétence , elle va se retirer dans la salle du conseil. M. le procureur-général a-t-il quelques observations à présenter ?

MM. Persil et Berville se lèvent et font un signe négatif.

M. le président : Si les conseils des inculpés ont de leur côté des observations à présenter , la Cour est également prête à les entendre.

M. Berryer : M. le procureur-général a saisi la juridiction de la Cour ; nous la demandons nous-mêmes.

Au moment où la Cour se retire , on remarque que MM. le duc de Fitz-James et de Mouchy vont prendre cordialement la main à MM. Kergorlay et Berryer.

Après trois quarts d'heure de délibération , la Cour rentre en séance, et M. le président prononce un arrêt par lequel elle se déclare compétente, et ordonne qu'il sera passé outre au jugement au fond.

Après l'interrogatoire de M. le comte de Kergorlay et de MM. de Brian, de Genoude , rédacteurs de la *Quotidienne* et de la *Gazette de France*, et Lubis, ses co-accusés ,

M. Persil , procureur-général , prend aussitôt la parole :

« Messieurs, dit ce magistrat , une immense révolution s'est naguère réalisée sous nos yeux. Elle a , après des malheurs infinis, comblé les vœux de la grande majorité des Français ; mais nous ne pouvons nous le dissimuler, elle a, en même temps, blessé certains intérêts, choqué quelques amours-propres e jeté l'alarme dans un petit nombre de consciences.

» Les uns, lisant hardiment dans l'avenir le bonheur que le pays devait puiser dans le nouvel état de choses, s'y sont à regret, mais franchement ralliés. Les autres, plus constants dans leurs affections, et uniquement entraînés par le souvenir du passé, se sont crus obligés d'y rester fidèles, mais sans marquer autrement leur improbation que par le silence : ceux-ci se rallieront plus tard. Enfin les derniers, mus par je ne sais quel intérêt ou quelle passion, n'ont pas hésité à se montrer les ennemis déclarés de la révolution, et ce qu'ils n'avaient pas osé faire au jour du désastre de leur parti, les armes à la main, ils le font, après que le danger est passé, par leurs écrits et leurs publications journalières.

» Paix à ceux qui conservent silencieusement leur affection, et qui ne font rien pour l'accréditer et la faire triompher : la tolérance est entrée, avec le nouveau Roi, dans les conseils. Mais guerre à outrance, guerre à mort (mouvement dans l'assemblée) à ceux qui ne profitent de la liberté et de la tolérance généralement accordées, que pour attaquer le nouveau Roi, pour propager les fausses doctrines et créer des partisans à un gouvernement heureusement abattu, que, sans être criminel et presque fou, on ne pourrait essayer de relever !

» Parmi les partisans audacieux de l'ancienne dynastie et d'un autre ordre de choses, vous n'aurez pas vu sans douleur un ex-pair de France, qui pouvait plaindre et regretter, qui avait le droit de se condamner à la vie privée en se séparant silencieusement de vous, mais qui a préféré attaquer, avec éclat et par tous les organes de la publicité, ce que la France venait de faire, et la personne auguste, qui, placée à sa tête, avait acquis des droits à la vénération de tous les Français. Cet ancien pair de France, c'est M. le comte Florian de Kergorlay.

9

» Le 23 septembre dernier , il avait écrit à M. le président de la Chambre des pairs pour l'informer qu'il ne prêterait pas le serment exigé par la loi. Sa lettre avait sans doute paru tellement inconvenante à ce noble magistrat , que malgré la demande expresse de M. de Kergorlay, de la faire insérer au procès-verbal de la séance de la Chambre , il crut de son devoir de n'en pas parler publiquement à ses collègues. Ce jugement , tout de bienveillance et d'intérêt pour M. de Kergorlay , aurait dû l'avertir , soit de l'inconvenance de sa lettre , soit du danger auquel elle l'exposait. Il ne fit que l'aigrir. La sage réserve, la prudence et la circonspection de M. le président lui parurent une violation de ses droits comme citoyen et comme pair. Il alla lui-même porter sa lettre au journal *la Quotidienne*. Voici en quels termes elle fut rapportée dans le numéro du 25 septembre :

A M. le président de la Chambre des Pairs.

Monsieur le président ,

Quatre-vingt-sept pairs ont consenti, le 30 août dernier , à déclarer personnellement déchus du droit de siéger dans la chambre dont ils sont membres , tous ceux qui n'auraient pas , dans le délai d'un mois , prêté serment à un Roi nouvellement élu et à une charte nouvelle.

J'ignore en vertu de quel droit cette élection et cette charte se sont faites.

Quant à moi , j'ai prêté avec sincérité un serment sérieux à nos rois et à la charte constitutionnelle que l'un d'eux donna à la France. En leur prêtant ce serment , j'ai toujours compris qu'il engageait ma fidélité, non-seulement à eux , mais aussi à leurs légitimes successeurs et à la nation même, à la loi fondamentale qui règle depuis tant de siècles la succession à la couronne parmi nous.

En prêtant serment à mes rois , j'ai cru le prêter à des hommes sujets comme moi-même à l'erreur , et je n'ai pas cru que les erreurs qu'ils pourraient commettre me dussent délier de mes serments ; ni envers eux , ni envers leurs légitimes successeurs ; je n'ai pas cru non plus qu'elles m'autorisassent à concourir à un acte de violence qui voudrait dépouiller mes concitoyens de la salutaire institution de l'hérédité du trône. J'ai toujours considéré cette institution comme la seule solide garantie de toutes nos libertés ; et je refuse de concourir à sa destruction, parce que je suis toujours également convaincu que cette destruction ne peut que frayer parmi nous la route à toutes les tyrannies.

La charte que tous les pairs ont jurée porte, en son article 13, que « la personne du roi est inviolable et » sacrée, et que ses ministres sont responsables. » Ce principe fondamental de la charte ne permet pas que le roi soit personnellement pris à partie pour les griefs auxquels son gouvernement aurait pu donner lieu. La responsabilité de ses ministres est la voie constitutionnelle ouverte pour obtenir le redressement de ces griefs.

Une fiction constitutionnelle ne permet pas qu'on impute au roi les fautes de son gouvernement ; la réalité même des choses permet encore bien moins qu'on les impute au royal enfant mineur qui est étranger aux actes de son aïeul, et qui, par le seul fait de la double abdication de S. M. le roi Charles X et de son auguste fils, devint à cet instant même, le 2 août dernier, le roi à qui ma fidélité est engagée.

Les chambres, sans rien pouvoir alléguer contre droit de Mgr le duc de Bordeaux, ont transféré, le 7 du même mois, sa couronne au premier de ses sujets. Je ne m'associerai point par un serment à un acte auquel je me serais cru coupable de concourir.

A défaut d'aucun droit on a allégué en faveur du roi qu'ont élu les chambres, que lui seul pouvait sauver la France. Je pense au contraire qu'il était de tous les Français le plus incapable de la sauver, parce que de tous les Français il est celui à qui l'usurpation à laquelle on le convia dut sembler la plus criminelle.

Un de ses ancêtres gouverna mal la France, mais fut du moins parent et régent fidèle pendant la minorité d'un roi enfant dont la vie seule le séparait du trône. Cet exemple méritait d'être préféré comme règle de conduite à des souvenirs moins distants.

Quant à la Charte , j'ai à son sujet deux convictions constantes ; l'une , qu'un roi qui a juré une charte n'a pas le droit de la violer ; l'autre , qu'alors même que des modifications à une charte seraient utiles , des chambres qui ont juré cette charte n'ont pas le droit de donner pour base à ces modifications l'expulsion de leur roi.

J'attendrai donc , avant de prêter serment à une charte modifiée , que les modifications qu'y pourraient désirer les Français apparaissent à leurs vœux sous l'autorité du roi légitime. Elevé par sa noble mère dans le sentiment intime de ses devoirs envers son peuple, l'enfant royal vivra pour le bonheur de la France, et nous sera un jour rendu.

Il y a toutefois un des articles de la charte nouvelle sur lequel aujourd'hui même je crois ne devoir pas garder le silence.

Deux cent dix-neuf députés déclarèrent , le 7 août dernier , le trône vacant , firent une nouvelle charte, dont un article excluait de la chambre des pairs tous ceux qu'avait nommés Charles X, et offrirent la royauté au lieutenant-général du royaume. Quatre vingt-neuf pairs adhérèrent le même jour à la nouvelle charte et à l'élection du nouveau Roi, déclarant s'en rapporter à sa prudence sur l'exclusion de leurs collègues.

Les pairs exclus ont à la pairie le même droit que tous les autres. J'ai été élevé à la pairie par Louis XVIII, et je reconnais à ceux qui l'ont reçue de Charles X le même droit que le mien.

Mais leur exclusion porte en particulier , relativement à l'accusation des ministres de Charles X, le caractère le plus sinistre. Les juges naturels des ministres sont, non pas quelques pairs , mais tous les pairs. L'article 62 de la charte que tous les pairs ont jurée , porte que « nul ne pourra être dis-» trait de ses juges naturels. » L'article 63 ajoute : « Qu'il ne pourra en conséquence être créé de com-» missions et tribunaux extraordinaires. »

J'ignore comment on pourrait soutenir que l'exclusion arbitrairement donnée à un quart environ des membres d'un tribunal ne le transformerait pas en commis-

12

sion ou tribunal extraordinaire , et je sais de quel nom
sont inévitablement flétries dans la postérité les condamnations à mort , lorsqu'elles sont portées par des
tribunaux de cette espèce. Je ne m'associerai donc pas
par un serment à un acte d'exclusion , qui transforme
la cour des pairs en commission ou tribunal extraordinaire, et qui stygmatise à l'avance les condamnations à
mort qu'elle pourrait porter de la qualification d'assassinat judiciaire.

La postérité est d'autant plus sévère à décerner cette
qualification , lorsque les juges ont à la condamnation
des accusés un intérêt apparent. Or les pairs qui ont
adhéré, dans la séance du 7 août dernier, à la déclaration
de vacance du trône, ne se prétendent déliés du sermen
qu'ils avaient prêté à S. M. le roi Charles X et à la
Charte constitutionnelle, que parce qu'ils imputent à
cet infortuné prince d'avoir, par le conseil de ses ministres, violé cette Charte lui-même ; ces mêmes pairs
ont donc un intérêt apparent à trouver coupables les
ministres dont l'accusation se prépare, et je ne m'associerai point par un serment à un système qui donne à
des ministres pour juges des hommes qui se sont créés
à eux-mêmes un intérêt apparent à les condamner.

Je viens d'exposer les motifs de mon refus de prêter
le serment qui m'est demandé. J'ai cru devoir les déclarer à mes collègues. Je vous prie donc , M. le président, de vouloir bien donner à la chambre , dans sa
séance d'aujourd'hui , lecture de ma présente lettre, et
je la prie elle-même ici d'en ordonner l'insertion en
son procès-verbal.

Un membre de la chambre des pairs , déclaré déchu
de son droit d'y siéger parce qu'il demeure fidèle à son
serment , ne peut se croire valablement déchargé par
là de son obligation de délibérer et de voter dans la
chambre dont il est membre. Sa volonté ne se rend
point complice de l'obstacle qui l'empêche de remplir
ce devoir ; il cède à l'abus de la force matérielle.

Je suis , M. le président, avec une haute considé-
ration, votre très-humble et très-obéissant serviteur ,

Le comte Florian DE KERGORLAY, pair de France.

Paris , rue Saint-Dominique , n. 102 , ce 23 septembre 1830.

(M. de Kergorlay, ayant un exemplaire sous les yeux, suivait très-attentivement cette lecture, et, au moindre changement de mot, il s'empressait de reprendre M. le procureur-général.)

Mr Persil, continuant: « L'énergie, nous avons presque dit l'audace d'une pareille protestation, consterna les gens de bien ; l'autorité elle-même en était comme étourdie, lorsque, prenant son silence, durant deux jours, pour l'aveu de sa faiblesse, à laquelle il suffisait sans doute de porter un dernier coup, M. de Kergorlay renouvela la publication de sa lettre dans le numéro de la *Gazette de France* du 27 septembre.

» Malgré notre résolution de laisser à la presse la plus grande latitude et presque l'abus de la liberté, il ne nous fut pas possible de dévorer cet outrage. Tout était méconnu, insulté dans cette publication : principes anciens, principes nouveaux, droits du souverain déchu, droits de la nation, droits du souverain qu'elle s'était choisi. Il fallait renoncer à jouir des bienfaits de notre régénération politique, ou poursuivre judiciairement ceux qui en attaquaient ainsi le principe. C'est le parti que nous prîmes.

« Le jour même où la *Gazette de France* publiait cette lettre, *le 27 septembre*, M. le procureur du Roi requit d'un juge d'instruction qu'il fût informé contre les gérants responsables de la *Quotidienne* et de la *Gazette de France*.

M. de Brian pour *la Quotidienne*, et MM. de Genoude et Lubis pour la Gazette de France, se rendirent auprès de ce magistrat. Ils lui déclarèrent que c'était M. de Kergorlay lui-même qui leur avait apporté sa lettre, et qui en avait demandé l'insertion dans leurs journaux. Ils ajoutèrent, ou, pour être plus exact, M. de Brian, gérant de la Quotidienne, ajouta seul :

» Que, si cette lettre était incriminée, il entendait suivre le sort du principal inculpé qui était l'auteur de la lettre, et par conséquent être jugé par la Chambre des pairs qui, à son avis, était seule compétente pour juger M. de Kergorlay. »

Le juge d'instruction fit comparaître devant lui M. de Kergorlay, d'abord comme témoin, et ensuite comme prévenu. Il répondit :

» Qu'il regardait les rédacteurs de la Quotidienne et de la Gazette comme devant être entièrement étrangers à la publication de sa lettre; que c'était lui-même qui en avait porté copie aux bureaux des deux journaux et corrigé les épreuves.

14

« Je vous déclare, continua-t-il, que j'ai écrit cette lettre en ma qualité de pair de France, et que je n'ai pas entendu donner ma démission. Puisque je suis interrogé, je dois vous dire que je décline votre compétence et que je m'abstiens de répondre. La loi (du 31 août 1830) porte : qu'à défaut de serment, les pairs sont personnellement déchus du droit de siéger. Je ne saurais considérer cette déchéance comme une déchéance de juridiction : d'ailleurs, le délit qui m'est imputé porte une date antérieure à l'expiration du délai. »

» La lettre de M. de Kergorlay peut être considérée sous deux points de vue différents. Sous le rapport des principes politiques qu'il professe, et que je n'examinerais pas s'ils ne constituaient des délits, et relativement à l'intention qu'il annonce, d'attaquer le gouvernement du roi des Français, en regardant encore comme existant un gouvernement dont il faudrait pouvoir perdre jusqu'au souvenir.

» Dès son début, M. de Kergorlay déclare qu'il ignore en vertu de quel droit on a élu un Roi et fait une Charte. S'il avait lu le préambule de cette Charte, il aurait appris que le Roi avait été élu et la Charte faite en vertu de la nécessité qui résultait des événements de juillet, et de la situation générale où la France s'était trouvée placée à la suite de la violation de la Charte de 1814. Il y aurait vu que la souveraineté du peuple, érigée en principe, avait autorisé à déclarer vacant un trône qui n'avait su ni se soutenir ni se défendre, et que nul en France, au jour du danger, n'était venu appuyer. Il y aurait appris que par suite de cette souveraineté populaire, la France était rentrée dans le droit naturel de se choisir un chef, et de lui dicter les conditions sous lesquelles elle consentait à le placer à sa tête. Voilà le droit en vertu duquel le Roi a été élu et la Charte rectifiée, droit imprescriptible, sous l'empire duquel toutes les nations se sont formées, et qu'elles ne peuvent pas perdre en vieillissant, et à mesure qu'elles font des progrès dans la civilisation.

» Nous n'ignorons pas que pour des hommes qui ont vieilli dans les préjugés de la féodalité et du droit divin, la souveraineté du peuple a quelque chose de risible et de terrible à la fois. On se la rappelle sous les haillons de la misère ou transportée dans les comités de salut public, où elle disposait de la vie des plus honorables citoyens. Mais c'était alors l'abus du droit et non le droit dans sa pureté, tel que notre Charte le consacre. Chaque citoyen, de quelque condition qu'il soit, a des droits sans doute, mais tous ne les exercent pas. Il y a des conditions de capacité, de situation, de fortune qui, laissant le droit à tous, n'en permettent l'usage qu'à certains.

» Ce sont ceux-là, ce sont les élus de la France, qui, dans cette occasion, en ont sagement fait usage. Vainement on dira que tel n'était pas leur mandat, et que, nommés sur la provocation de Charles X, ils n'avaient pas mission pour disposer de sa couronne ; nous répondrons, et la France entière ne nous désavouera pas, que le mandat des députés n'a pas de limite, que , nommés dans l'intérêt du peuple , ils ont tous ses droits , ils peuvent tout ce que la nécessité des temps et des circonstances prescrit , et que leurs actes sont obligatoires dès qu'ils sont approuvés par le vœu national.

» Or l'approbation et la ratification ne leur ont pas manqué. Non-seulement une voix improbative ne s'est pas élevée, mais vous avez vu la France entière , chaque village, chaque hameau, et , pour ainsi dire , chaque feu rendre par ses adresses des actions de grâce aux chambres à l'occasion de leur noble conduite, et briguer d'envoyer au nouveau souverain des députés qni déposassent dans ses mains le témoignage de leur adhésion complète à son élection , comme aux conditions sous lesquelles il avait consenti à se mettre à la tête des Français.

» Voilà la véritable légitimité , celle que les rois doivent ambitionner; elle ne procède pas d'une communication mystérieuse avec la divinité que , dans des temps d'ignorance , il a fallu supposer pour imposer aux peuples ; le mensonge et la superstition ne réussiraient plus. C'est de la vérité qn'il faut de nos jours , et la vérité n'a pas manqué à l'élection du Roi des Français.

» Que si M. de KERGORLAY ajoute qu'un *acte de violence* (c'est ainsi qu'il qualifie notre conduite dans les immortelles journées) ne peut le délier de ses serments ni envers Charles X ni envers ses successeurs, il commet une erreur et fait une mauvaise action qui ne conduirait à rien moins qu'à la guerre civile.

» On l'a dit depuis long-temps, les peuples ne sont pas faits pour les rois; c'est le contraire: quand un roi manque à ses engagements , quand il déchire le contrat , ou exprès ou tacite , fait avec son peuple, celui-ci rentre dans tous ses droits par la résiliation du pacte. Si le peuple le laisse tomber ou s'il dispose de la couronne , ce n'est pas là de la violence : c'est tout simplement de la justice.

» Telle est l'élévation à laquelle notre vénération place les rois, que nous paraîtrions les ravaler et manquer nous-mêmes de dignité, en comparant le contrat qu'ils forment en montant sur le trône avec ceux que font journellement les particuliers pour le plus mince intérêt. Cependant ce n'est pas autre chose : les chartes, les constitutions sont des actes réciproques qui lient aussi bien le souverain que les peuples , et qui renferment une clause résolutoire tacite , en cas d'infraction.

» On nous demandera sans doute à qui appartiendra le droit de constater la violation, et de juger du moment où commencera pour le peuple , le droit de faire descendre le souverain de son trône ? A la raison publique, à ce tribunal auguste qne l'on sent et qu'on trouve partout; à cette autorité infaillible à laquelle il n'est pas permis de résister , parce qu'elle est le résultat de la conscience , et pour ainsi dire de l'organisation humaine.

» Nous en avons, dans ces derniers temps, éprouvé tout l'empire ; et Charles X et son fils lui-même, n'ont pas eu la puissance de s'y soustraire , puisque vous les avez vus , entraînés par cette opinion générale qui les repoussait , consentir eux-mêmes

à une expulsion personnelle à laquelle ni l'un ni l'autre ne son-
geaient pas cinq jours auparavant.

» Quant au jeune enfant, auquel M. de KERGORLAY croit
devoir conserver sa fidélité, nous combattrions ses droits, si
sérieusement on pouvait lui en supposer.

» Lorsque le premier roi de la troisième race monta sur le
trône, ses enfants n'avaient encore aucuns droits à la couronne
de France ; ce fut en la prenant du consentement tacite du
peuple, au préjudice de celui qu'on appelait aussi l'héritier légitime, qu'il leur en acquit, non de perpétuels et d'irrévocables,
mais de subordonnés à sa conduite, de *résolubles* par l'infraction des engagements qu'il avait tacitement contractés. Si de son
vivant Hugues-Capet eût été expulsé, comme Charles X,
croirait-on que la fidélité du peuple eût été engagée envers ses
descendants ? Certainement non : les droits éventuels de l'héritier présomptif de la couronne se seraient évanouis comme ils
s'étaient formés. Le père les avait acquis par son courage et son
habileté ; il pouvait les perdre par son imprudence et sa mauvaise foi.

» C'est ce qui est arrivé au roi Charles X. La nation par ses
représentants, a proscrit sa race et délie les Français de tout engagement envers elle. Elle a fait plus : par des adresses et des
délégués spéciaux envoyés auprès du nouveau souverain, elle
a approuvé la translation de la couronne et la délégation qui lui
en avait été faite. Que vient-on nous parler ensuite d'un préten-
dant auquel la fidélité des sujets serait engagée ?

» Non, et c'est un véritable crime de le prétendre ; c'est sur-
tout la faute d'un mauvais citoyen de le publier. C'était bon
dans le temps où les rois osaient prétendre qu'ils ne relevaient
que *de Dieu et de leur épée*, de regarder les peuples comme le
patrimoine de leur famille. La civilisation a rendu leurs droits
aux nations ; si elles savent tout ce qu'elles doivent de vénération et d'obéissance aux rois qui se dévouent pour elles, elles
n'ignorent pas que, dans des cas bien rares et lorsque par le
malheur de leur position elles sont poussées à bout, elles ont en
elles de quoi reconquérir leur indépendance. Ce n'est pas,
comme le dit M. de KERGORLAY, abuser de la force matérielle,
c'est encore moins convier un grand citoyen à une sorte d'usurpation : c'est tout simplement user de son droit, c'est faire justice à la dynastie qui finit et à celle qui commence. C'est, en
faisant cesser les malheurs présents, fonder le bonheur de l'avenir.

» Et je vous le demande, Messieurs, à quoi servent aujour-
d'hui, à quoi pouvaient servir à la fin de septembre dernier,
toutes ces assertions que publiait M. de KERGORLAY? S'il y
croyait, qu'il les renfermât dans sa conscience, qu'il en fît la
règle de sa conduite : nous ne serions pas allé les y chercher.
Mais les publier dans des journaux ! Mais s'en faire un moyen
pour attaquer le gouvernement existant, qu'il essaye ainsi de
saper dans sa base ! Mais s'en servir pour établir de prétendus
droits de Henri V, qui vivra, dit-il, pour le bonheur de la

France! Mais par une de ses prophéties que la passion seule peut créer et soutenir, annoncer que cet enfant royal nous sera un jour rendu! C'est le comble de la hardiesse : c'est ne reculer, ni devant les faux principes, ni devant leurs désastreuses conséquences. C'est, de gaieté de cœur, affronter le gouvernement existant, élever trône contre trône, et porter la guerre civile au sein de son pays.

» Que dirait M. de KERGORLAY si ses principes, pris à la lettre, avaient mis les armes à la main dans un de nos départements; que là, arborant le drapeau qu'on ne peut plus dire sans tache depuis les journées de juillet, on eût défié la France régénérée et appelé au combat ses enfants; que l'étranger, qui est resté tranquille spectateur de nos miraculeux triomphes, se fût permis de souiller le territoire : où nos malheurs se seraient-ils arrêtés ?

Détournons, Messieurs, nos pensées de cette supposition; elle est trop déchirante; mais jugeons, nous en avons le droit, la gravité du crime reproché à M. de KERGORLAY, par l'impression qu'il nous aura laissée.

» Ce crime est qualifié, par l'art. 4 de la loi du 17 mai 1819, *d'attaque à l'autorité constitutionnelle du Roi.* L'attaque est ici flagrante. Non seulement M. de KERGORLAY conteste cette autorité, mais il en met une autre à la place ; il reconnaît celle de cet enfant royal, auquel il croit sa fidélité engagée, et qu'il annonce à la France entière *devoir lui être un jour rendu.*

» L'enfant royal vivra, dit-il, pour le bonheur de la France, » et *nous sera un jour rendu.* » Si l'on pouvait impunément donner de pareilles assurances, il n'y aurait plus de gouvernement en France. Le roi des Français ne serait plus au Palais-Royal, et nous n'aurions qu'un roi de France remis aux mains de l'étranger. Notre orgueil national se révolte d'une semblable supposition.

» La loi fondamentale, notre Charte, exclut à toujours du trône de France Charles X et tous les membres de la branche aînée de la maison de Bourbon. Cette même loi y appelle, sous le titre de *Roi des Français,* M. le duc d'Orléans et ses descendants à perpétuité. Imprimer et dire publiquement qu'un autre que lui, qu'un Bourbon de la branche aînée conserve des droits à la couronne, *qu'il vivra pour le bonheur de la France et qu'il lui sera un jour rendu,* c'est attenter au gouvernement légalement existant, dans le sens de l'art. 4 de la loi du 17 mai 1819; c'est exciter à la haine et au mépris de ce même gouvernement ; c'est provoquer à la désobéissance aux lois, qu'il est le plus essentiel de maintenir, puisque leur violation entraîne des secousses et des révolutions; c'est pour tout dire, en un mot, exciter à la violation de la Charte.

» Pour motiver sa criminelle doctrine, M. de KERGORLAY parle *des serments* qu'il a faits avec sincérité; *de la légitimité* de la race de Charles X, *de l'inviolabilité* du monarque. *Des serments!* qui ne sait qu'ils supposent des engagements réciproques, et qu'ils n'obligent celui qui les fait, qu'autant que celui qui les reçoit reste dans la ligne de ses devoirs! L'infraction d'un côté rompt l'engagement de l'autre.

« *La légitim'té de la race de Charles X* ! Elle a péri dans les combats de juillet. Le roi Charles l'a renvoyée à son peuple, avec les boulets qui sont encore empreints sur les murs de la capitale. Désormais une barrière insurmontable s'élève. Il y a entre la race de Charles X et le peuple de France, tout le hideux d'une guerre civile. (Mouvement dans l'assemblée).

« *L'inviolabilité des monarques* ! Distinguons : la Charte assure l'inviolabilité de la *personne* et non l'inviolabilité *du droit*, qu'il eut été absurde de mettre au-dessus de tout événement. L'inviolabilité de la personne de Charles X a été respectée jusques à la superstition, et c'est même le plus beau titre de gloire de la France, puisqu'en conduisant son roi déchu jusqu'à la frontière, avec tous les égards dus à son ancien caractère, elle a prouvé qu'elle n'agissait pas avec passion, mais avec cette sagesse, ce discernement, cette modération qui distinguent l'exercice d'un droit. (Marques d'approbation).

« Que M. de KERGORLAY renonce donc à expliquer, à justifier ses doctrines : elles sont attentatoires à la souveraineté de la nation et à l'exercice qu'elle en a fait, elles constituent un crime et plusieurs délits, d'autant plus repréhensibles qu'ils ne tendent à rien moins qu'à nous faire armer les uns contre les autres ; a nous donner deux rois, deux Charles, et, pour comble de malheur, à appeler chez nous l'étranger pour soutenir l'un ou l'autre.

« Messieurs, à côté de ces délits résultant de la lettre de M. de KERGORLAY, viendraient s'en placer deux autres, fort graves sans doute, mais que, par des considérations particulières, nous ne ferons qu'indiquer. Le premier résulte de ce passage :

« A défaut d'aucun droit, on a allégué, en faveur du Roi qu'ont élu les Chambres, que lui seul pouvait sauver la France. Je pense au contraire, qu'il était, de tous les Français, le plus incapable de la sauver, parce que, de tous les Français, il est celui à qui l'usurpation à laquelle on le convia dut sembler la plus criminelle.

» C'est une offense à la personne du Roi, d'autant plus gratuite que le fait auquel M. de KERGORKAY veut répondre est de notoriété publique. En effet, personne n'ignore que si ce prince n'eût pas voulu prendre les rênes de l'Etat, les prendre ce jour-là, la France tombait dans une anarchie dont elle serait sortie sans doute, mais après beaucoup de temps et de malheurs. Dans cette situation, la *nécessité* se réunissait au droit pour autoriser à conférer la couronne. La nécessité est aussi une sorte de légitimité qui repousse l'idée de toute usurpation.

» Ainsi ce dernier passage de la lettre de M. de KERGORLAY constitue bien une offense envers S. M.; mais elle est trop au-dessous d'elle pour qu'elle veuille la relever. D'ailleurs le roi des Français, et c'est héréditaire dans sa famille, ne se souvient pas des injures faites au duc d'Orléans.

»[Le dernier délit que nous avons à signaler vous est personnel, Messieurs; il résulte de cette partie de la lettre, où M. de KER-GORLAY dit que vous vous êtes transformés en une vériatble commission, qui stygmatise à l'avance les condamnations que vous pourriez prononcer, de la qualification *d'assassinat judiciaire*.

» Il est possible que votre excessive délicatesse vous porte à mépriser une semblable injure ; mais il ne faudrait pas que la crainte d'y paraître céder, arrêtât l'expression de toute votre justice.

» M. de KERGORLAY est coupable des plus grands délits. Il a a attaqué ce que depuis plus de trois mois nous nous plaisons à admirer, notre belle, notre héroïque révolution. Il en a blâmé tous les effets. Il a condamné celui qui les renferme tons ; celui qui, fermant l'abîme de nos dissensions, nous a donné une Charte et un Roi : une Charte qui détermine les droits du peuple et les obligations du Roi ; un Roi qui, sachant par l'exemple ce qu'il en coûte pour avoir violé ses sermens, est d'ailleurs trop honnête homme, pour en avoir jamais la pensée.

» Au blâme de tout ce qu'on produit les belles journées, M. de KERGORLAY a ajouté des délits bien caractérisés : il s'est préten-du lié à un autre souverain que celui que la France reconnait ; il l'a montré vivant *pour le bonheur de la France et toujours prêt à y rentrer*. En peu de mots : offenses envers le Roi et les cham-bres; attaque à leur autorité constitutionnelle; provocation à la désobéissance aux lois.

» Tels sont les délits nombreux que nous vous dénonçons, et pour lesquels nous venons vous demander justice sévère, justice éclatante qui effraie les insensés et arrête lrs crédules. Il faut que les uns et les autres sachent qu'il y a en France un Roi, un gou-vernement et des lois, et qu'on ne peut attaquer ou offenser les uns, ni provoquer à la désobéissance des autres, sans recevoir im-médiatement le châtiment auquel on s'est exposé.

» Nous n'avons plus qn'un mot à dire des gérants responsables des deux journaux cités devant vous conjointement avec M. de KERGORLAY. Ils sont les véritables auteurs de la publication ; sans eux, sans leur consentement, les délits dont nous nous plaignons n'eussent pas été commis. La loi est formelle. Ils doivent donc être condamnés conjointement avec M. de KERGORLAY. »

M. le procureur-général conclut à ce que M. de KERGORLAY soit condamné en deux années d'emprisonnement et 10, 000 fr. d'amende, conformément aux articles 2 et 4 de la loi du 17 mai 1819: à ce que MM. de Brian et de Genoude soient condamnés chacun en une année de prison, et une amende, savoir : M. de Brian, de 6000 fr., et MM. de Genoude et Lubis, ensemble, de pareille somme de 6000 fr.

M. de Kergorlay se lève ; un profond silence s'établit.

Messieurs,

Lorsqu'il plut à sa majesté le Roi Louis XVIII de m'élever à la pairie, je n'avais ni sollicité, ni désiré cette dignité. Je préférais les fonctions de député aux-quelles, depuis la seconde Restauration, les suffrages de mes concitoyens m'avaient trois fois porté. Au cas qu'ils n'eussent pas cessé de mes les accorder, je croyais apercevoir des chances plus favorables pour me rendre utile à mon Roi et à mon pays dans la chambre élective que dans la chambre héréditaire. La volonté de Louis XVIII en décida autrement, et je m'y soumis. J'eus lieu d'en sentir une reconnaissance d'autant plus profonde, que je n'avais courtisé sa faveur, ni celle de ses ministres; son ame généreuse désira donner une haute marque de sa bonté à un homme qu'il savait bien intentionné, et qui avait eu plus d'une fois, par la liberté de ses opinions le malheur de lui déplaire.

Trois fois dans la chambre des députés, et la quatrième dans celle des pairs, je prêtai le même serment « d'être fidèle au Roi, et d'obéir à la Charte constitu- » tionnelle et aux lois du royaume. » Ce serment, Messieurs, vous l'avez tous prêté comme moi, et tous nous avions compris qu'il engageait votre fidélité, non-seulement au Roi à qui nous le prêtions, mais aussi à ses successeurs légitimes. Je crus, en prêtant ce serment parmi mes collègues, prendre envers mon roi, mon pays et eux-mêmes, l'engagement solennel d'y demeurer fidèle. Je crus que mes collègues avaient pris le même engagement envers le Roi, envers la France, envers moi.

D'où vient donc que je comparais aujourd'hui, comme accusé, devant une partie de ces mêmes collègues? D'où vient que je les vois siéger devant moi comme mes juges? J'ai le droit de le demander; j'ai le droit de le chercher.

Ce serment que nous prêtâmes tous, on ne m'accuse pas de lui avoir été infidèle.

C'est au contraire à cause des conséquences nécessaires de cette fidélité même, que j'ai été cité à comparaître ici pour me justifier.

Une révolution s'est opérée dans le tumulte de laquelle fut créé soudain un lieutenant-général du royaume. Le Roi donna la ratification de son autorité à cette nomination irrégulière, abdiqua ainsi que son fils, en faveur de Monseigneur le duc de Bordeaux, et, se fiant au premier sujet du nouveau roi, le chargea de le faire proclamer.

Deux cent dix-neuf députés préférèrent, le 7 août

dernier, déclarer le trône vacant, faire une nouvelle charte, dont un article excluait de la chambre des pairs tous ceux qu'avaient nommés Charles X, et offrir la royauté au lieutenant-général du royaume. Quatre vingt neuf pairs adhérèrent le même jour à la nouvelle charte et à la nouvelle royauté, déclarant ne pouvoir délibérer sur l'exclusion de leurs collègues, et s'en rapporter à la prudence du nouveau roi.

Pour de telles énormités, sur quel droit put-on prétendre s'appuyer? La souveraineté du peuple est le principe que nous avons entendu invoquer. Mais ce peuple, que fit-on pour le convoquer, pour le consulter? Qui nous a transmis sa voix? qui a pu nous la faire entendre? Paris, après les sanglantes victoires de juillet, n'a présenté d'autre aspect que celui de la consternation.

Le nouveau gouvernement a osé revendiquer l'asentiment des provinces. La révolution faite à Paris pour elles et sans elles, elles l'ont apprise quand elle était déjà consommée, elles l'ont reçue dans un morne silence. Et quelle voix plus énergique leur restait-il donc pour exprimer leur réprobation? Le silence est la voix des opprimés, et non la sanction de la violence.

Nul moyen de procurer une émission de vœux libres sur la révolution de 1830 n'a été offert à la nation. Buonaparte, pour se ressaisir du pouvoir après sa première abdication, n'imposa pas aux intelligences une soumission si passive, et tâcha de rendre moins palpables les illusions. Des registres furent ouverts pendant les cent-jours, dans toute la France, et tous les citoyens furent admis par le nouveau maître à y voter sur son *Acte additionnel aux constitutions de l'empire.*

Un des articles de cet acte prétendait interdire à tous les Français l'exercice de leur droit de demander le rétablissement de la dynastie des Bourbons sur le trône. Les cœurs fidèles s'indignèrent; et quelques citoyens, par la publication des motifs de leurs votes négatifs, trouvèrent quelque consolation à protester contre cet attentat porté à la plus chère de nos libertés publiques.

Ces publications circulèrent librement; Buonaparte, qui voulait colorer de quelque apparence de liberté son usurpation nouvelle, se garda bien, les ayant provoquées, en invitant chacun à voter, de les faire poursuivre.

Le roi-citoyen n'a pas voulu tant de liberté ; il n'a pas consulté la nation sur son élévation au trône ; ayant arraché aux fonctions qu'ils s'étaient engagés à remplir tous les hommes fidèles à leur serment, leur ayant ainsi imposé la nécessité de dire à leurs concitoyens pourquoi ils cessaient de s'acquitter des fonctions qui leur avaient été confiées, il ne s'est pas abstenu de faire poursuivre les publications des motifs des refus de serment.

Les révolutions sont d'ordinaire le triomphe accidentel d'une minorité audacieuse sur la volonté nationale prise au dépourvu.

Bientôt le voile se déchire : des théoristes et des banquiers entreprennent de gouverner ; les théories les abandonnent, le crédit public s'anéantit.

Mais enfin le pouvoir est envahi : que doit-on dire ? que peut-on faire? demandent les fragments épars d'une nation frappée de stupeur.

L'un dit : « J'ai été fidèle à mon serment avant que celui à qui je l'avais prêté eût violé le sien ; en violant le sien il m'a délié du mien : « je ne sens ni scrupules, » ni remords. »

D'autres disent: « Se soumettre à la force est un acte licite en soi ; cédant au malheur des temps, nous pourrons être encore utiles à notre pays, épargner quelques malheurs à des concitoyens.

Les deux arguments, fort différents l'un de l'autre, opposés même l'un à l'autre, que je viens de citer, n'ont pas porté la conviction dans mon esprit.

Quant au système qui s'efforce de mettre la conscience à l'aise en désavouant les scrupules et les remords, il a trouvé peu d'échos dans la nation.

En ce système, bien des choses ont été oubliées.

La loi civile, dont on y essaie de rappeler le principe, reconnaît bien que la résolution légale d'une obligation réciproque doit résulter de son inexécution de la part d'un des contractants; mais elle ajoute que la résolution du contrat n'aura pas lieu de plein droit, qu'elle sera, au contraire, demandée en justice.

____

(1) Art. 1184 du code civil.

Elle reconnaît donc, pour décider entre les parties, la nécessité d'un juge supérieur.

Entre un citoyen et son Roi légitime, je ne connais pas le juge suprême.

On a parlé d'un vœu général de la nation : on a prétendu le connaître ; on a eu soin de ne pas essayer de le constater.

Lors du jugement de Louis XVI, ses défenseurs...

Vous aviez, messieurs, naguère, le petit-fils de l'un, (1) le fils de l'autre (2) parmi vous ; ils se sont montrés fidèles à la mémoire, aux enseignements de leurs pères et à leurs propres sentiments ; vous les avez expulsés.

Lors du jugement de Louis XVI, ses défenseurs demandèrent l'appel au peuple. La convention sentit assez quel en serait le résultat. Elle le refusa.

Si aujourd'hui le peuple eût été appelé à choisir entre Henri Dieudonné et le fils du régicide, y a-t-il quelqu'un ici qui ose dire qu'il ignore qui la voix du peuple aurait proclamé ?

La charte de 1814 porte que « la personne du roi est inviolable et sacrée. »

Tous ceux qui ont expulsé leur roi en 1830 avaient juré cette charte et la bravèrent, comme les juges de Louis XVI avaient, en le condamnant à mort, bravé la constitution de 1791, qui avait pareillement déclaré son inviolabilité.

La convention, juge et partie contre Louis XVI, l'entendit avant de le condamner ; et un jeune roi, dont l'innocence le protége contre tout sentiment de haine, ne peut se faire entendre pour rallier tous les cœurs aux espérances qui s'attachent à lui.

En voilà assez, je pense, pour me justifier de n'adopter pas le système qui exclut les scrupules et les remords.

Quant au système de ceux qui, en se soumettant à la force, se justifient à leurs propres yeux sur ce qu'ils font un acte licite auquel ils attribuent de l'utilité ; qui plus que moi, en ce moment, doit faire avant tout la part de l'admiration et de la reconnaissance pour cette

---

(1) M. le marquis de Rosambo, petit-fils de M. de Malesherbe.
(2) M. le comte de Sèze.

profession généreuse qui se dévoue à la défense des accusés? Mais hors quelques positions particulières, que
je ne suis ni en état de bien connaître, ni autorisé à dé-
terminer, ne peut-on pas penser que les sectateurs de
ce système, dans sa généralité, créent eux-mêmes ou
accroissent la force à laquelle ils croient céder, et que
l'utilité qu'ils se sont promise est bien faible en com-
paraison du mal dont ils affermissent l'existence?

La doctrine de flexibilité à laquelle je n'ai pas pu me
soumettre à prêter, suivant les temps, tantôt un serment,
tantôt l'autre, n'est pas la mienne, parce qu'elle porte
un caractère trop peu élevé; et quant aux motifs mêmes
d'utilité qu'on y allègue, je n'ai pas cessé non plus de
trouver que toute l'utilité qu'on peut attribuer aux résultats d'un acte de cette espèce est nécessairement une
utilité d'un ordre inférieur. Je n'ai pas cessé de penser
que l'utilité solide, étendue, durable, féconde, ne peut
dériver, au contraire, que de la fidélité à conformer sa
conduite aux inspirations de droiture et d'honneur que
chacun a reçues du ciel.

Deux exemples auraient été bien faits pour me faire
fléchir si j'eusse pu fléchir: ce sont ceux de deux illustres
orateurs qui, tous deux ont présidé la chambre des députés, l'un (1) dans les deux premières, l'autre (2) dans les
deux dernières années de la restauration. Je me suis si
long-temps efforcé de m'instruire en les écoutant, j'ai
si constamment admiré leur grave éloquence et l'élévation de leurs ames, que je ne saurais sentir à leur égard
qu'un désir ou qu'un regret, celui de les trouver, ou de
ne les trouver pas dans un constant et parfait accord
avec eux-mêmes. Ici la cause de mon regret est de ne
les avoir pas vus sortir, comme il leur convient toujours
de sortir, hors de l'ornière commune; la cause de mon
regret est, l'oserai-je dire? de les avoir vus penser trop
humblement d'eux-mêmes. Qu'ils se représentent la pureté de mon cœur, qui est celle des leurs, unie à l'as-
cendant victorieux de leurs illustres noms et de leurs
éloquentes paroles; et qu'ils me disent quel est le Français qui leur aurait pu résister.

J'ai contracté, par l'acceptation de la pairie qui me

---

(1) M. Lainé. (2) M. Royer-Collard.

fut conférée par Louis XVIII, l'obligation d'en remplir les fonctions. Ces fonctions , législatives et judi-
ciaires, l'abus de la force matérielle m'empêche de les
remplir, en soumettant leur exercice à la condition de
la prestation d'un serment nouveau réprouvé par ma
conscience. Je devais donc à moi-même, à la chambre
des pairs et à tous mes concitoyens, de leur rendre
compte des motifs de mon refus de prêter ce serment.

Le procès que j'ai à soutenir offrira un étrange spec-
tacle dans le cours de la justice humaine. Des hommes
qui, par des prétextes divers, ou des causes diverses qui
leur sont connues, ont abjuré leurs serments, sont appelés à me juger sur les motifs qui m'ont déterminé à
demeurer fidèle au mien.

Je livre cette réflexion à leurs consciences.

Une autre pensée me frappe. Tous les pairs nommés
par Charles X, et tous ceux des pairs nommés par
Louis XVIII qui sont demeurés fidèles à leur serment,
ont été expulsés de cette chambre, où j'ai droit de les
réclamer comme mes juges. Je proteste ici contre une
telle mutilation de la cour des pairs, et je demande qu'il
me soit donné acte de ma protestation.

Cependant, messieurs, je comparais devant vous,
parce que j'ai été menacé, si je ne comparaissais pas ,
d'être jugé sans être entendu. Je comparais, accompagné de mon défenseur. Ma défense sera entendue, et de
la portion ici présente des pairs du royaume qui seul
ont le droit de me juger, et de mes concitoyens à qui je
soumets volontiers tous les actes de ma vie.

Discours de M. BERRYER.

M. *Berryer*, défenseur de M. le comte de Kergorlay,
se lève.

M. *le président* : Défenseur, je dois vous renouveler,
en ce moment, l'avertissement que je vous ai déjà donné, de parler avec décence et modération. Vous com-
prendrez que si des expressions fâcheuses sont toléra-
bles dans la bouche d'un accusé, et peuvent avoir pour
excuse la position où il se trouve, les mêmes expressions
ou des expressions analogues ne sauraient être per-
mises à l'avocat et sauraient même être réprimées

sévèrement par la cour. J'insiste sur cette observation, parce qu'elle est conforme aux principes.

M. *Berryer* : Je prie la cour des pairs de vouloir bien être persuadée qu'après un exercice déjà ancien et déjà honoré de ma profession, l'itérative invitation qui vient de nous être faite était superflue. Je connais la hauteur de votre justice, et je sens que la grandeur de mon ministère s'élève dans cette circonstance; je le remplirai avec dignité, mais avec liberté, car je ne pourrais croire que par ces paroles, on eût voulu m'en ôter la force.

Messieurs, le jour où la moitié des députés et à peu près le quart des pairs du royaume, donnèrent à la France un nouveau Roi et une nouvelle Charte, M. le comte de Kergorlay était absent de Paris; il s'empressa d'exprimer son opinion sur ces actes solennels, et dans une lettre adressée à M. le président de la chambre des pairs, il dit :

« Je pense que le premier des droits publics des
» Français est celui de conserver leur dynastie légitime
» dans l'ordre de primogéniture, et de mâle en mâle,
» telle qu'elle est établie depuis tant de siècles parmi
» nous; je pense, en conséquence, qu'aucune chambre
» n'est autorisée à les priver du premier de leurs droits;
» je pense que le trône de France n'était pas vacant,
» lorsque la chambre des pairs a délibéré sur la sup-
» position de cette vacance; je pense que, par le seul
» fait de la double abdication de S. M. Charles X et
» de son fils Louis-Antoine, le trône appartient dès cet
» instant même à S. A. R. Monseigneur le duc de Bor-
» deaux. Je suis également convaincu que la chambre
» des pairs, qui ne doit sa propre existence qu'au roi
» d'une dynastie héréditaire, n'aura aucunement le droit
» de rompre cette hérédité, et de transférer la couronne
» à un autre qu'à celui auquel le droit d'hérédité la
» confère. »

Il fut répondu à M. de Kergorlay que la discussion étant terminée sur le sujet auquel se rapportait sa lettre, le président ne pouvait, sous aucun rapport, en entretenir la chambre : que rien ne serait plus contraire à ses usages, et même aux prescriptions de son réglement.

M. de Kergorlay pensa qu'il devait, dans cette circonstance, publier son opinion; cette lettre fut insérée dans tous les journaux, et on ne songea pas alors à la poursuivre et à en faire l'objet d'une action criminelle. Il pouvait croire que désormais il n'aurait plus à s'expliquer sur ces actes solennels; mais la loi du 31 août 1830 imposant à tous les fonctionnaires l'obligation de prêter un nouveau serment, à peine, pour messieurs les pairs de France en particulier, d'être personnellement déchus du droit de siéger dans la chambre haute, M. le comte de Kergorlay dut délibérer et examiner en sa conscience quelle devrait être sa conduite.

Une telle loi, aux premiers jours d'une révolution, peut sembler favorable et puissante pour concilier ou plutôt pour réunir les suffrages, pour enchaîner au nouvel établissement beaucoup de volontés; mais, dans ces circonstances, son premier caractère est d'être impérieuse et dure, car elle met aux prises l'intérêt personnel, le besoin de la conservation de sa vie, de son existence sociale, avec la conscience, avec l'intime conviction. Une telle loi est encore impolitique, peut-être dangereuse, car elle livre le nouvel état des choses au jugement de chacun. Celui qui est interrogé doit prononcer, et il est provoqué à s'expliquer, par la résolution qu'on lui demande.

Lors de l'exécution de cette loi, il n'est personne en France, il n'est personne dans cette enceinte qui n'ait bien sérieusement délibéré? La question était grave pour les particuliers, importante pour tous. Divers avis furent suivis; diverses règles, diverses opinions, diverses croyances furent émises; les uns, suivant les doctrines de M. le procureur-général, ont pensé que dans ces graves circonstances, dans ces temps impérieux, ils devaient s'empresser de jurer la fidélité nouvelle qui leur étoit demandée; qu'ils pouvaient se constituer juges entre eux-mêmes et leur roi; se faire les arbitres du contrat qui les liait et qui enchaînait leur obéissance, se déclarer libres, et se vouer à une nouvelle souveraineté; d'autres ont considéré que ce nouveau gouvernement lui-même déclarait officiellement que le serment demandé n'était qu'un engagement pour le fonctionnaire public, de consacrer au bien public, l'autorité dont il est revêtu; ils ont conclu dès-lors que ce n'était pas un acte de foi à de nouveaux principes, mais un acte de

soumission à un fait dominateur ; ils ont pensé que c'é-
tait un moindre mal pour le pays, d'être gouverné par
un pouvoir nouveau, quel qu'il fût, que de manquer
entièrement de gouvernement ; ils ont senti qu'il fallait
éloigner du moins l'anarchie qui était menaçante ; ils
ont compris enfin qu'indépendamment de leurs devoirs
envers le Roi légitime, ils avaient aussi de légitimes
devoirs à remplir envers leurs concitoyens, et qu'en
protestant pour le droit qu'aucune force sur terre ne
peut détruire, ils devaient se soumettre aux conditions
présentes pour s'acquitter de leurs charges, et ne pas
abandonner, aux hommes d'une opinion contraire, les
intérêts de ceux qui partagent les mêmes sentiments.

M· le comte de Kergorlay n'a adopté ni l'une ni
l'autre de ces opinions. Dans son esprit grave, il ne
s'agissait pas, comme l'a supposé M. le procureur-général, d'essayer une lutte hardie de la parole ou de la
pensée contre un pouvoir qui ne comptait que peu de
jours ; il lui fallait garder la paix de sa conscience. Aux
yeux du noble pair, le serment s'est présenté avec ce
caractère de gravité, de majesté, de sainteté que lui ont
imprimé nos vieux jurisconsultes, ces hommes des temps
d'*ignorance*, ainsi que vous les appelez, dont les lois cependant ont éclairé et gouvernent encore le monde.
Pour lui, le serment est un engagement religieux de la
conscience et de la pensée, où Dieu est pris à témoin,
dont Dieu doit être seul le vengeur, parce que cet acte
n'a pas pour objet les choses extérieures, les seules que
l'homme puisse connaître, juger et punir. Lié par un
premier serment qui l'enchaînait à des droits établis,
reconnus, consacrés, M. de Kergorlay s'est demandé
si ces droits avaient péri, et quels droits nouveaux leur
avaient succédé ; convaincu que rien n'avait rompu ses
premiers engagements, il n'a pas pensé qu'il pût s'y
soustraire ; sentant qu'il était, par son refus, forcé
de suspendre l'exercice des hautes fonctions dont il est
revêtu, il a reconnu, avec justice, qu'il était obligé
d'exposer à ses concitoyens les motifs graves qui le dé-
terminaient à ne plus être pour eux le magistrat tel qu'il
avait été constitué par le prince légitime.

De là sa publication.

Je vous le demande, Messieurs, un tel acte ainsi provoqué peut-il jamais devenir criminel aux yeux de qui que ce soit? L'homme qui est interrogé dans sa conscience, et qui répond ce qu'elle lui dicte, peut-il justement, jamais, être poursuivi, condamné? Et cependant, ce sont ceux qui l'interrogent qui osent demander qu'il soit puni pour avoir répondu.

Certes, Messieurs, l'accusation est étrange, étrange dans son principe, et je dois le dire, il est douloureux de remarquer que ce n'est que sur la provocation et en quelque sorte par obéissance à un journal dont l'article a paru le 27 septembre au matin, que l'on a intenté le procès contre la publication qui avait eu lieu le 25.

Quoi qu'il en soit, voyons les pièces de ce procès.

(Me Berryer donne ici lecture des huit premiers paragraphes de la lettre de son client.)

Je m'arrête ici. Cette partie de la lettre de M. le comte de Kergorlay n'est que le développement d'une doctrine politique, l'établissement des principes de légitimité, principes qui gouvernaient la France, principes d'où était émanée la loi fondamentale, et par l'empire desquels se développaient et les seules libertés dont elle ait jouit depuis 40 ans, et une immense prospérité dont tous les peuples du monde étaient jaloux. Que fait-on aujourd'hui? On vous demande qu'il soit condamné. En vertu de quelles lois? En vertu des lois qui étaient faites pour protéger ces principes, au nom des lois qui punissaient toute attaque contre la dignité royale, l'ordre de successibilité au trône, les droits que le Roi tient de sa naissance : au nom des lois qui punissaient la violation du serment prêté, de ces lois en vertu desquelles les paroles de M. le procureur-général, les doctrines qu'il vient de développer auraient été, il y a peu de jours, flétries dans cette enceinte.

Il est dans le monde deux principes qui le partagent aujourd'hui, qui le partagent depuis le commencement des siècles : L'un est celui de l'autorité héréditaire, légitime, quelle que soit l'origine qu'on lui donne, ou la seule antiquité de son existence, ou une sanction plus haute et plus sacrée; l'autre principe est celui de la souveraineté de tous, de la souveraineté du peuple, cette souveraineté que l'on dit aussi constituer un droit im-

périssable, imprescriptible, et au nom de laquelle on
vous demande de par le droit des nations, de punir celui qui est demeuré fidèle aux droits du souverain, à la
loi de son Roi.

Chose étrange! les partisans de cette doctrine de la
souveraineté du peuple, de ces droits imprescriptibles
ei impérissables des nations, ainsi que vous les avez appelés, vous condamnent aussi, et impriment le même
caractère d'illégalité à tout ce que vous avez fait depuis
le 7 août.

Si un pair de France a développé que tout ce qui
s'était fait depuis le 7 août n'était qu'une violation du
droit royal en France, des membres de l'autre chambre ont établi que tout ce qui s'était fait était une violation manifeste du droit des nations. C'est en effet ce
qu'a écrit dans les journaux un membre de la chambre
des députés : « Je reconnus bientôt que je n'avais reçu
« du peuple redevenu souverain, ni directement, ni in-
» directement, la mission extraordinaire de faire une
» constitution et de régler un roi ; il me semblait en-
» tendre le peuple me dire : qui es-tu? qui t'a armé?
» que vas-tu faire? arrête. De même que la légitimité
» des rois, la légitimité des peuples, la seule vraie, la
« seule rationnelle, a ses règles, sa sûreté et ses lois ;
» de même que le corps humain, le corps politique a
» ses principes organiques et ses conditions de vitalité.
» S'il les observe, il marche, s'il les viole, il tombe.
» L'instinct des faits, le caprice des masses ou la bru-
» talité de la force condamnent les nations qui n'ont
» pas encore secoué le joug de l'ignorance et de la bar-
» barie ; mais à mesure que les sociétés s'avancent dans
» les voies de la civilisation, elles deviennent de plus
» en plus des sociétés intellectuelles. Or, malheur aux
» sociétés intellectuelles qui manquent à leurs princi-
» pes! Quel est donc le principe de la souveraineté na-
» tionale, du système enfin où nous nous trouvons au-
» jourd'hui placés? C'est que le peuple doit proposer
» la charte par ses organes constituants, ou du moins
» la sanctionner. Or, ces organes constituants ont-ils
» proposé? Le peuple a-t-il sanctionné? Non. Donc,
» il n'y aura que de l'anarchie, gravité de circonstance,
» péril, urgence, tout ce qu'on voudra ; mais qu'on

31

» puisse dire, avant, pendant, ni après, il n'y a pas eu
» de légalité.

» Je persiste donc à croire qu'après une révolution
» qui a renversé la maison régnante, qui a fait remon-
» ter le pouvoir vers sa source, il n'y a rien de légal. »

Aussi, vous le voyez, sans entrer dans une discussion où il me serait facile de vous suivre, sans contester ces établissements historiques à l'aide desquels vous
nous avez dit que le premier roi de la troisième race
était monté sur le trône avec l'assentiment du peuple,
vous reconnaissez que les principes du droit de la légitimité sont contraires à vos doctrines, que les partisans du droit de la souveraineté du peuple contestent
aussi la légalité de ce que vous avez fait. Leurs principes, leurs doctrines et le développement de leurs opinions, ont été publiés, comme les doctrines, les principes et le développement des opinions de M. le comte
de Kergorlay. Je n'ai pas ouï dire qu'on ait poursuivi
ces fauteurs de la légitimité, de la souveraineté du
peuple, qui, dans leurs système, prononcent cependant les mêmes anathèmes contre les actes que vous
voulez défendre.

Il n'est pas vrai que tout ce soit fait au nom de la
souveraineté du peuple, et conformément à ce principe du droit des nations : vainement M. le procureur-
général a invoqué pour le prétendre le mandat sans limites des députés des départements.

Quel mot imprudent a-t-il prononcé !

Si le mandat est sans limites, quelle est la force du
serment ! que valent les engagements ! que ne devez-
vous pas craindre pour l'avenir ? Mais, vous a-t-on
dit, le peuple a donné sa sanction par des adresses.
Cinq cents communes sur quarante mille ont envoyé
leurs félicitations.

Laissons de côté ce qui n'est pas la vérité. La vérité
a été proclamée, lorsqu'on a dit que l'état des choses
était fils de la nécessité, de l'urgence, des circonstances
impérieuses, qu'il se fondait sur les faits, qu'il n'avait
que l'autorité des faits ; et dès-lors il ne se peut pas que
des lois conformes à un principe de droit quelconque
antérieur à ces faits inopinés, inattendus, qui nous ont
frappés comme la foudre, puissent être invoquées pour

soutenir, pour fonder cet ordre de choses dont les principes n'étaient pas même soupçonnés le jour où ces lois furent faites.

Ce que je dis, Messieurs, est présent à vos pensées, et chacun de vous en est convaincu par une délibération même récente qui a eu lieu à la chambre des pairs. Un ministre est venu vous présenter un projet de loi pour suppléer à ce silence de la législation, pour donner à cet ordre nouveau, fondé sur un fait, la protection, l'appui dont il a besoin.

M. le ministre de l'instruction publique vous a dit:

» Le Roi des Français ne règne pas par droit de
» naissance... L'origine de notre royauté n'en est que
» plus sacrée et plus respectable ; vous l'avez déclaré,
» Messieurs , c'est l'intérêt universel et pressant du
» peuple français qui appelait au trône le Roi Louis-
» Philippe et ses descendants. Quelle mission fut ja-
» mais plus sacrée que celle de sauver la liberté d'une
» grande nation , et de la préserver en même temps
» des calamités de l'anarchie ! »

Votre rapporteur a reconnu aussi la nécessité , l'urgence de la loi, dans le silence de toute autre qui pût être raisonnablement invoquée. Il a dit :

» Une impérieuse nécessité se fait sentir.... En sup-
» posant que pour constater la volonté générale, d'au-
» tres formes eussent pu être employées , les résultats
» auraient-ils été convaincus? les circonstances permet-
» taient-elles d'y avoir recours ? Fallait-il ; au milieu
» de la confédération européenne , en présence de tant
» de peuples qui bientôt se seraient alarmés, affronter
» les dangers de l'interrègne ou précipiter une nation
» de 32 millions d'âmes dans les abîmes de l'anarchie
» républicaine? Vous en avez autrement jugé. Les
» hommes les plus respectables, les plus attachés à
» leurs serments , se sont soumis. Si quelques autres
» s'obstinent à contester publiquement le vœu de la na-
» tion , ou les droits qui en résultent , n'est-ils pas
» temps qu'ils soient réprimés ? L'ordre , la sécurité
» publique , la dignité nationale, comme celle du Roi,
» réclament contre leurs agressions.

» La disposition pénale soumise à vos délibérations
» est ainsi conçue, etc. »

33

Dans la discussion devant vous, Messieurs, j'ai remarqué encore ce passage :

« L'état des choses étant donné (et il est assez voi-
» sin de nous, pour que chacun de nous en ait la mé-
» moire assez fraîche), la nation française désirait,
» souhaitait, voulait ce qui est arrivé. Mais la nation
» française avait des organes légitimes, les deux cham-
» bres ; elle a parlé par ses organes légitimes, et il en
» est résulté l'acte du 7 août. »

Enfin, un noble pair résume la discussion dans ces termes :

» Le roi des Français a des droits qui peuvent être
» livrés, que dis-je, sont livrés à des attaques qui nous
» scandalisent, et l'organe de la société *demeure sans*
» *armes contre ces attaques*, contre ces provocations
» que rien ne saurait justifier... Je pense que la loi a
» *un caractère d'urgence...* etc. »

Ainsi, Messieurs, s'il est un point de droit établi par la nécessité même où vous avez été de délibérer sur une loi nouvelle, c'est qu'il n'existe aujourd'hui, comme en effet il ne pouvait exister aucune loi qui protégeât ce qui a été fait le 7 août, et qui vengeât les attaques dirigées contre le nouvel ordre de choses.

Il est subversif de toute idée, il répugne à toutes les consciences d'invoquer les lois du pouvoir légitime pour condamner la défense du légitime pouvoir, et d'y chercher les principes de légalité pour le cas dans lequel nous nous présentons.

Enfant de la nécessité, s'il est besoin que l'ordre des choses actuel soit défendu par des lois, il n'en existe aucune qui puisse être maintenant invoquée.

Aussi, n'appuierai-je pas sur le singulier système soutenu devant vous; ne viendrai-je pas demander comment il se fait qu'on accuse M. de KERGORLAY au nom des lois faites sous un prince légitime, faites par vous, Messieurs, qui avez été créés par ce prince, vous dont tous les droits émanent de lui seul, vous qui étiez constitués pour la défense des principes du droit indestructible de successibilité au trône. Je ne demanderai pas combien il est absurde de venir avec ces lois condamner M. de KER-GORLAY. Toutes ces lois sont enchaînées au système de gouvernement qui, aujourd'hui ne domine pas sur la France; et il est impossible de les invoquer contre celui qui défend dans sa conscience ce qu'elles avaient pour but et pour objet de protéger.

M. le procureur-général a compris toutes les conséquences de la seule présentation de la loi qui est demandée pour suppléer à l'inapplication évidente de la loi du 25 mars 1822, il a cherché à l'éluder par un vain subterfuge, par une de ces subtilités qui, dans cette noble enceinte, rappellent trop les petits débats des juridictions inférieures. Il a parlé de la loi du 17 mai 1819, ne pouvant invoquer celle du 25 mars 1822, dont l'abrogation a été reconnue. C'est cependant aux termes de la loi du 25 mars 1822, que son réquisitoire a été lancé, que la chambre a été convoquée. C'est en vertu de l'article 4 de cette loi qui nous a fait citer pour répondre des délits prévus par cet article.

Que vient donc faire aujourd'hui M. le procureur-général, en nous parlant des dispositions des articles 2 et 4 de la loi du 17 mai 1819?

Qui d'entre vous, et je suis heureux de parler devant les auteurs mêmes de nos lois, les législateurs de la France monarchique; qui d'entre vous, disais-je, ne se rappelle pas que c'est l'insuffisance reconnue de la loi de 1819 qui détermina le gouvernement à présenter celle de 1822 et particulièrement l'article 2 de cette loi? et si aujourd'hui l'article 2 de la loi du 25 mars 1822 est considéré comme abrogé, parce qu'il avait été fait pour protéger un ordre de choses qui ne règne plus, il est évident que la loi réformée, parce qu'elle défendait moins complètement elle-même cet ordre de choses, est, à plus forte raison, abrogée.

L'article 2 de la loi du 25 mars 1822 reproduit, sinon les mêmes termes, du moins les dispositions de l'article 4 de la loi du 17 mai 1819. Ces deux articles avaient en effet le même but.

Je n'ai donc pas besoin de grands développements pour repousser les arguments auxquels a donné lieu l'application de la loi de 1819 dans ses articles 2 et 4; il est évident que des dispositions reproduites postérieurement par l'art. 2 de la loi de 1822 se trouvent implicitement abrogées par la force des choses, par l'autorité irrécusable d'un sens commun.

Autre subtilité : c'est celle des réquisitoires et de l'ordonnance de convocation, qui a fait invoquer l'art. 4 de la loi de 1822. Ici, messieurs, il y a une confusion complète des choses et des principes. Permettez-moi de remettre sous vos yeux cette loi.

L'art. 1er de cette loi prononçait des peines contre toute atteinte, tout outrage à la religion de l'état : l'article 2 prononçait aussi des peines contre toute attaque à la dignité royale, l'ordre de successibilité au trône, aux droits que le Roi tient de sa naissance, à ceux en vertu desquels il a donné la charte, à son autorité constitutionnelle, à l'inviolabilité de sa personne, aux droits ou à l'autorité des chambres; l'article 3 prononçait des peines contre l'attaque des droits garantis par les art. 5 et 9 de la charte constitutionnelle : enfin, l'art. 4 est ainsi conçu : « Quiconque, » par l'un des mêmes moyens aura excité à la haine ou au mé- » pris du gouvernement du Roi, sera puni, etc. »

Est-il vrai, Messieurs, que le jour où l'on conteste l'autorité qu'avaient les chambres pour refaire une charte, pour élire un roi, que le jour où l'on défend l'autorité royale en la personne du prince légitime, où l'on défend l'inviolabilité de cette même personne, l'ordre de successibilité au trône, on se trouve dans le cas de l'application de l'art. 4 de la loi de 1822?

Pour exprimer ma pensée sous une autre forme : est-il vrai qu'en parlant des attaques contre le gouvernement du Roi, on a voulu spécifier les mêmes attaques qui déjà avaient été prévues dans l'art 2 de la même loi ?

En d'autres termes encore: Les articles 2 et 4 de la loi de 1822 disaient-ils absolument la même chose, réprimaient-ils les délits ? Non. Vous n'aurez pas mis dans une même loi deux articles qui auraient dû se confondre et n'en former qu'un seul.

Il s'agit, dans le premier de ces deux articles, de réprimer toute attaque, toute discussion hostile contre les pouvoirs constitués, contre les principes de leur constitution, contre la nature, l'étendue et l'origine de leurs droits. Comme M. de KERGORLAY attaque précisément cette nature, cette essence d'un pouvoir constitué et d'un pouvoir constituant, il ne pourrait être que sous l'application de l'article 2 : c'est précisément l'article abrogé.

Qu'a donc voulu prévoir l'article 4, quand tout était protégé par l'article 2 ? Toute attaque contre le gouvernement, c'est-à-dire toute attaque dirigée, non plus contre l'origine, l'essence et les droits des pouvoirs constituants et constitués, mais contre leur action, leur marche, leur direction et leurs systèmes d'administration. Voilà pourquoi il est dit dans le second paragraphe de cet article, que les actes des ministres ne cessaient pas d'être un objet de libre discussion. On a maintenu la première partie de l'article, parce qu'indépendamment des actes des ministres, c'est attaquer le gouvernement dans son action, dans sa marche, dans l'exercice de ses pouvoirs, que de lui supposer des plans, des projets, des intentions malveillantes, funestes pour le pays. C'est ainsi que l'association pour le refus de l'impôt a été condamnée par la cour royale, parce que c'était une supposition du système et que cette supposition tendait à priver le gouvernement de la confiance qui lui est nécessaire.

Si nous voulions nous livrer à des suppositions, nous pourrions, par des exemples, faire comprendre quelles sont les attaques qui donneraient lieu à l'application de l'article 4. Si l'on disait : ces hommes qui invoquaient la liberté, ne voulaient que parvenir au pouvoir: aujourd'hui qu'ils l'ont conquis, ils le feront peser sur la France : ils promettaient des économies, ils accableront le pays sous les impôts dont l'emploi ne sera pas même exempt de reproche. Ces ministres, dans leurs relations avec les puissances étrangères, font jouer à la France un rôle humiliant, et l'abaissent au-dessous du rang qu'elle doit occuper entre les nations.... Ce serait attaquer le gouvernement du Roi, la marche, les actions et les vues de ce gouvernement. Ce serait le cas de l'application de l'art. 4: ce n'est pas celui où nous nous trouvons.

M. de KERGORLAY ne s'est pas occupé de savoir comment administrait, comment gérait, comment allait enfin la machine organisée le 7 août 1830. M. de KERGORLAY a contesté les droits du pouvoir qui a établi cette machine; il a défendu les règles du Gouvernement précédemment établi. L'article 4 de la loi de 1822 ne lui est donc pas applicable, il ne reste pas de loi qu'on puisse invoquer contre lui.

Vous le comprenez, Messieurs, aucune loi n'existe, aucune loi ne peut exister; et s'il en existait, il serait odieux de l'invoquer: on ne le pourrait faire que par un renversement de tous les principes, de toutes les idées sur l'objet, l'origine, la destination de la loi.

Mais, sous un autre rapport, comment se peut-il, ainsi que tout-à-l'heure vous le fesait remarquer M. de KERGORLAY, qu'il puisse être poursuivi pour avoir fait entendre le cri de sa conscience, dans une circonstance où sa conscience était interrogée! Et par qui serait-il condamné? Ah! Messieurs, j'honore trop le caractère de ceux devant qui je parle; je sais trop bien comment ils comprennent leur dignité, et quels sentiments leur inspire le haut rang de pair du royaume de France, pour n'être pas convaincu que lorsque, en cette qualité, ils ont été appelés à délibérer pour savoir s'ils délaisseraient le Gouvernement qui les avait faits, s'ils subiraient la nécessité, s'ils entreraient dans la voie d'un gouvernement nouveau, tous ont délibéré. Je n'en doute pas, il n'est pas un de vous qui, pesant cette énorme question, n'ait songé à tout ce qu'a développé M. le comte de KERGORLAY, qui n'ait compris qu'un premier serment était quelque chose de grave. Toutes ces réflexions, vous en avez été agités; elles vous ont tous préoccupés; vous avez tous pensé comme lui.

De quoi le puniriez-vous? De ce qu'il n'a pas jugé l'autorité des circonstances comme vous? De ce que son esprit n'a pas été dominé par les considérations qui vous ont déterminés? De ce que dans l'examen qu'il a fait, ainsi que vous, s'arrêtant devant l'autorité de doctrines sacrées, sa conscience a dit: Je ne peux aller au-delà.

Non, Messieurs, il ne se peut pas qu'on ait quelque espoir de succès en vous provoquant à condamner celui qui, interrogé comme vous, méditant comme vous, n'a eu d'autre tort que de ne pas pouvoir se résigner au même sacrifice.

Jamais, en effet, pareille condamnation n'a été demandée, je n'en sais pas d'exemple: et au milieu des nombreux changements qui ont fatigué cette pauvre France depuis quarante années; au milieu de toutes ces constitutions successives envoyées pour demeurer à jamais et pour cimenter jusqu'à la fin des siècles le bonheur de la nation française...... Dans leur rapide succession, ou a demandé des serments, ou a demandé des votes; ces votes, ces serments, ont été souvent refusés. Les uns ont dit les causes de leur refus, les autres ont gardé le silence. Le silence!.. ce mot m'arrête; je comprends qu'il peut aussi être coupable; car le magistrat qui, sur son siége, appelé à prêter le serment, abaisse sa main et détourne la tête, proclame hautement tout ce que M. de Kergorlay a dit. Le silence deviendra donc un crime? Plus dédaigneux, peut-être, il sera plus offensant et plus répréhensible! En aucun État, Messieurs, le vote demandé, de quelque manière qu'il ait été exprimé, n'a été l'objet d'aucune accusation, d'aucune poursuite, d'aucune vindicte publique de la part du pouvoir que chagrine une réponse qui n'est pas telle qu'il pouvait la solliciter.

Commander aux consciences est une tyrannie, et de toutes les tyrannies la plus odieuse.

Bonaparte lui-même consulta la France : des votes négatifs furent publiés, leurs auteurs ne devinrent l'objet d'aucune poursuite ; M. de Kergorlay vous le rappelait tout-à-l'heure. Mais dans sa touchante modestie, qui anoblit tant cette rare fermeté, ce vertueux courage, ce haut caractère qui remue si vivement les cœurs et les consciences, que si bien que l'on ait cru faire, on craint d'avoir mal fait quand on n'a pas fait comme lui... Dans sa modestie, il ne s'est pas nommé, il ne vous a point fait connaître l'acte de courage qui signala sa réponse. Elle fut négative ; et, comme aujourd'hui, il crut devoir la publier, et rendre compte à ses concitoyens des motifs honorables qui l'avaient dictée. Ce refus de serment, publié en 1815, fut mis sous les yeux de Bonaparte. Nul de vous n'a entendu dire qu'on eût pensé à poursuivre M. de Kergorlay.

Certes, les hommes du ministère public étaient ardents alors à poursuivre les délits ; ils étaient vengeurs soigneux des attaques contre le prince....

C'est donc une chose nouvelle, c'est donc un droit nouveau, qu'en l'absence de tout droit on a voulu exercer devant vous.

J'en ai dit assez, Messieurs, sur la partie principale de l'accusation, sur tout ce qui touche le gouvernement constitué dans la journée du 7 août 1830.

Il me reste encore une partie grave de la défense à parcourir ; celle relative aux offenses commises envers une majesté au nom de laquelle la loi répressive des offenses n'est pas encore faite.

Je vous le disais au commencement, je connais l'élévation de votre justice, la grandeur de votre juridiction ; et au moment de toucher ce point délicat ; je sens mieux la dignité et le devoir de mon ministère.

M. de Kergorlay a dit :

« A défaut d'aucun droit, on a allégué, en faveur du Roi
» qu'ont élu les chambres, que lui seul pouvait sauver la France.
» Je pense, au contraire, qu'il était de tous les Français le plus
» incapable de la sauver, parce que de tous les Français il est ce-
» lui à qui l'usurpation à laquelle on le convia dût sembler la
» plus criminelle.
» Un de ses ancêtres gouverna mal la France, mais fut du
» moins parent et régent fidèle pendant la minorité d'un roi en-
» fant dont la vie seule le séparait du trône. Cet exemple méri-
» tait d'être préféré comme règle de conduite à des souvenirs
» moins distants. »

Je m'arrête, Messieurs. Oui, voilà de tristes et terribles souvenirs, de ce que malheureusement l'histoire nous a enseigné à tous. Oui, il serait à désirer que ces souvenirs *plus que tous autres* fussent à jamais perdus en France.

Mais je ne vois rien d'offensant dans le sentiment avec lequel M. le comte de Kergorlay a pénétré la pensée du prince, et lui a fait condamner le violent événement qui lui livre le trône. Sans doute M. de Kergorlay s'est rappelé la noble indignation avec laquelle ce prince, dans une lettre à l'évêque de Laudeff, a flétri l'usurpation de Bonaparte ; et le généreux dévoûment qui le fit plus tard se jeter sur les côtes d'Espagne, pour y combattre, au milieu des guérillas et à côté de Castanoz, l'irréconciliable ennemi de sa race: et tant de grâce, d'honneurs, de bienfaits reçus d'une royale famille à qui il ne reste désormais que les rigueurs de l'exil. les augustes infirmités de la vieillesse et l'innocence désarmée d'un enfant.

M. de Kergorlay était ému de ces touchants souvenirs, et pour lui et pour le prince, quand il a dit que cette usurpation devait être à ses yeux la plus criminelle de toutes.

Il a ajouté : « Elevé par sa noble mère dans le sentiment de ses » devoirs envers son peuple, l'enfant royal vivra pour le bon- » heur de la France, et nous sera un jour rendu. »

Ici, Messieurs, c'est, vous a dit M. le procureur-général, le plus flagrant, le plus grand de tous les crimes; c'est l'acte d'un mauvais citoyen. Oh! amis de la liberté! que je vous reconnais mal dans ces qualifications violentes d'une expression simple et d'une pensée pure! Qu'est-ce, en effet, que cette phrase? L'expression d'un sentiment, d'une espérance. Mais vous, ministres rigides de la loi, qu'avez-vous à y répondre? Est-ce une provocation à la révolte? Il jette au Ciel ses espérances. Ferme dans sa foi politique, il s'abandonne à la Providence ; loin d'en appeler aux hommes et de rien attendre d'eux, M. de Kergolay me semble avoir fortifié son ame dans une pensée toute religieuse, celle de Bossuet : « Il n'est pas besoin d'armer l'oppressé » contre l'oppresseur ; le temps combat pour lui, la violence ré- » clame contre elle-même. »

M. de Kergorlay s'est renfermé dans ce sentiment consolateur, dans les vœux de sa conscience; mais nulle provocation, nulle excitation à la révolte, rien qui tombe sous le glaive de vos lois pénales

Enfin, messieurs, je termine cette pénible discussion de la lettre de M. de Kergorlay. On nous a dit qu'il y avait une attaque manifeste contre l'autorité et les droits des chambres et particulièrement de la chambre des pairs; mais je ne relis pas même le passage incriminé, car je sens que sur cette partie délicate toute discussion m'est interdite, quand je pense que bientôt, sous peu de jours peut-être, dans une cause autrement grave, sous le poids d'une condamnation qui peut être terrible, des hommes se présenteront devant vous, qui auront les mêmes observations à vous faire.

Les raisons qui militent dans cette cause, une voix généreuse les a fait entendre pour ceux qui sont accusés et qui, bientôt seront là devant leurs juges. Quoi, vous, vous voudriez leur ravir ce que chacun pense, ce que l'on ne doit juger que plus tard ? moi je viendrais soutenir ce qu'a dit M. de Kergorlay, rappeler que les mêmes réflexions ont été faites dans une autre chambre ? Non, Messieurs; et cependant que la tâche me serait facile, si j'avais à justifier ici mon client sur ce qu'il a dit de l'abolition de la pairie, à l'égard de tous ceux qui avaient reçu cette haute fonction de la puissance légitime, si je voulais vous rappeler qu'au moment où la proposition vous a été faite, vous étiez si bien pénétrés de ce que M. de KERGOCLAY a compris, que vous vous abstîntes de délibérer, et refusâtes de consacrer cette grande atteinte à des actes émanés du plus légitime pouvoir.

M. de KERGORLAY, vous a-t-on dit, a été poussé par une aigreur violente à donner à sa lettre de la publicité; non, Messieurs, il corrigeait les épreuves, avant même de savoir si sa lettre n'avait pas été lue à la chambre.

Investi d'une grande magistrature, dont il ne se démettait pas volontairement, il devait apprendre à ses concitoyens qu'il était contraint à ce sacrifice. M. de KERGORLAY a fait ce qu'il avait droit de faire en sollicitant la publication de la lettre qu'il avait soumise à la chambre des pairs.

Pénétré de son droit, M. de KERGORLAY se plaint aujourd'hui par ma bouche, de ce que cette lettre n'a pas été lue à la chambre des pairs. J'en demande pardon à la cour, je respecte les motifs de la conduite de son président.

Deux lettres cependant, l'une de M. Latour Dupin, l'autre du duc d'Havré, renfermant avec moins de développement, il est vrai, les opinions de M. de KERGORLAY, sur le serment exigé, ont été portées à la connaissance de la chambre. Pourquoi donc n'ont-elles pas donné lieu aux mêmes poursuites? Est-ce parce que ces deux lettres avaient été lues dans l'enceinte de la chambre des pairs? Combien donc n'avons-nous pas à regretter qu'il n'en ait pas été ainsi à l'égard de celle de M. de KERGORLAY. Il parlait comme pair, et vous l'avez reconnu par votre acte de compétence, Il parlait sous l'inviolabilité de la pairie.

Toute criminalité résulterait donc de la seule omission d'une formalité indépendante de la volonté de l'auteur. Si cette formalité avait été remplie, le triste et déplorable procès qui nous occupe n'aurait pas été engagé.

Quand je dis le triste procès; ah! certes, ce n'est pas que j'en redoute l'issue devant vous! Non! certes, ce ne sera pas ici le premier triomphe de cette *guerre a mort*, qu'un organe de justice est venu proclamer dans l'enceinte du temple des lois!

Après avoir entendu cette éloquente plaidoirie, celles non-moins brillantes de M. Hennequin, avocat de la *Gazette de France* et de M. Guillemin, pour la *Quotidienne*, la réplique du ministère public et la réponse des avocats, la cour, attendu l'heure avancée, a renvoyé à demain pour délibérer sur l'arrêt.

L'audience a été levée à 7 heures 1/4.

Audience du 23.

La Cour des Pairs s'est réunie aujourd'hui, conformément à la décision qu'elle avait prise hier, afin de délibérer sur l'affaire de M. de Kergorlay et des gérants de la *Gazette* et de la *Quotidienne*. La délibération n'ayant pu être terminée aujourd'hui, la Cour s'est ajournée à demain pour prononcer son arrêt.

Audience du 24 novembre.

A cinq heures les portes de la salle sont ouvertes pour faire entrer les inculpés et les magistrats du ministère public.

Au même instant les tribunes publiques sont livrées aux spectateurs, et ne tardent pas à être entièrement remplies.

Les inculpés et leurs défenseurs sont debouts et découverts à la barre. M. le procureur-général et M. l'avocat-général se tiennent aussi debouts et découverts à leurs bureaux.

Lorsque le calme et le silence sont rétablis, M. le président, assis et couvert, prononce l'arrêt suivant, appuyé sur le vu de toutes les pièces de la procédure.

« La Cour vidant son délibéré;

» En ce qui touche le sieur comte de Kergorlay;

» Considérant qu'il résulte des pièces du procès et des débats, que c'est par sa volonté que la lettre signée de lui, datée du 23 septembre dernier, et dont il se reconnaît l'auteur, a été insérée dans *la Quotidienne* et dans la *Gazette de France*;

» Considérant que ladite lettre, dans son ensemble, et notamment dans le passage, commençant par ces mots : « *A défaut d'aucuns droits...* « et finissant par ceux-ci : « *Nous sera un jour rendu* »; contient excitation à la haine et au mépris du gouvernement du Roi, et offense envers la personne de Roi;

» En ce qui touche de Brian et Genoude :

» Considérant que, par l'insertion de la lettre susénoncée dans *la Quotidienne* du 25 et dans *la Gazette de France* de 27 septembre dernier, lesdits de Brian et Genoude se sont également rendus coupables d'excitation à la haine et au mépris du gouvernement du Roi, et d'offense envers la personne du Roi,

» Qu'ainsi le sr comte de Kergorlay, de Brian et Genoude se sont rendus coupables des délits prévus par les articles 4 de la loi du 25 mars 1822, et 9 de la loi du 17 mai 1819;

» Considérant aussi qu'il existe, à l'égard de Brian et Genoude, des circonstances atténuantes;

» Condamne le comte de Kergorlay à la peine de six mois d'emprisonnement et de 50 fr. d'amende;

» De Brian et Genoude, chacun en la peine de un mois d'emprisonnement et de 150 fr. d'amende;

» Les condamne solidairement aux frais du procès.

» En ce qui touche Lubis :

» Considérant qu'il résulte des débats qu'il n'a pas participé à la publication de la lettre insérée dans la *Gazette de France* :

» Le renvoie des fins de la plainte;

» Ordonne que le présent arrêt sera exécuté à la diligence du procureur-général du Roi. »

Aussitôt après le prononcé de cet arrêt, la séance est levée.

M. le comte de Kergorlay a écouté sa condamnation avec calme. Au reste, il la connaissait à l'avance : car le résultat de la délibération à son égard avait franchi les portes de la salle d'audience.

L'arrêt n'a été définitivement résolu qu'à quatre heures et un quart. La seule opération de la signature a occupé la cour pendant plus de trois quarts d'heure.

On sait que les arrêts de la Cour des pairs ne sont soumis à aucun recours d'appel, de révision ou de cassation; ils peuvent être exécutés dans les vingt-quatre heures.

Nota. Ce n'est point M. le marquis de Chasseloup, mais M. de Chastelux, qui n'a pas répondu à l'appel; M. de Chasseloup, âgé de soixante-dix-sept ans, et quoique infirme et presque aveugle, a assisté à toutes les séances.

Du 30 Novembre.

M. le comte Florian de Kergorlay s'est rendu aujourd'hui, en exécution de l'arrêt de la Cour des Pairs, du 23 de ce mois, à la prison de Sainte-Pélagie, accompagné de l'huissier de la chambre des Pairs et de son fils, M. le vicomte Louis de Kergorlay.

Nantes, Imp. de C. Mellinet.